P. Chrysostomus Ripplinger OSB
Du bist der Weg ...

P. Chrysostomus
Ripplinger OSB

Du bist der Weg …

Andachten
für die Fasten- und Osterzeit
zum neuen **Gotteslob**

benno

Bibliografische Information der Deutschen Nationalbibliothek
Die Deutsche Nationalbibliothek verzeichnet diese Publikation
in der Deutschen Nationalbibliografie;
detaillierte bibliografische Informationen sind im Internet über
http://dnb.d-nb.de abrufbar.

Besuchen Sie uns im Internet:
www.st-benno.de

Gern informieren wir Sie unverbindlich und aktuell auch in
unserem Newsletter zum Verlagsprogramm, zu Neuerscheinungen
und Aktionen. Einfach anmelden unter www.st-benno.de.

ISBN 978-3-7462-4015-2

© St. Benno-Verlag GmbH, Leipzig
Umschlaggestaltung: Ulrike Vetter, Leipzig, unter Verwendung
eines Fotos von © Kovalenko Inna/Fotolia.de
Gesamtherstellung: Kontext, Lemsel (A)

Inhalt

Abkürzungen und Zeichen

V   Vorbeter/in

A   Alle, Gemeinde

A+V   Alle und Vorbeter gemeinsam

L   Lektor/in

Geleitwort

Im liturgischen Jahr oder Kirchenjahr werden die Geheimnisse des Lebens Christi von seiner Menschwerdung bis hin zu seiner Wiederkunft in Herrlichkeit gefeiert. Der Advent ist gekennzeichnet durch die Erwartung des Herrn, mit seinem Höhepunkt an Weihnachten. Die zweite, noch bedeutendere Feier begeht die Kirche an Ostern, indem sie das erlösende Leiden, Sterben und Auferstehen Christi feiert. Die österliche Zeit endet mit den Pfingstfest.

Die vorliegenden Andachten im Osterfestkreis wollen das Geheimnis der Erlösung ins Gebet bringen. Im Licht des österlichen Glaubens gehen wir unseren Weg in der Zeit. Die vorliegenden neuen Gesänge im neuen GOTTESLOB lassen uns etwas verkosten von der unfassbaren Liebe des uns liebenden Vaters, dessen Sohn Jesus Christus für uns glorreich vom Tod erstanden ist. Vater und Sohn haben uns den Heiligen Geist gesandt. Deshalb können wir singen: „Der Geist des Herrn durchweht die Welt gewaltig und unbändig; wohin sein Feueratem fällt, wird Gottes Reich lebendig. Da schreitet Christus durch die Zeit in seiner Kirche Pilgerkleid, Gott lobend: Halleluja" (GL 347,4).

Chrysostomus Ripplinger OSB

Kreuz, auf das ich schaue
(GL 270)

Andacht zur Fastenzeit

▓ **Lied**

O du hochheilig Kreuze (GL 294,1-5)

V Im Namen des Vaters und des Sohnes und des
Heiligen Geistes.

A Amen.

V Heilig Kreuz, du Baum der Treue,
edler Baum, dem keiner gleich,
keiner so an Laub und Blüte,
keiner so an Früchten reich:
Süßes Holz, o süße Nägel,
welche süße Last an euch!

A Beuge, hoher Baum, die Zweige,
werde weich an Stamm und Ast,
denn dein hartes Holz muss tragen
eine königliche Last,
gib den Gliedern deines Schöpfers
an dem Stamme linde Rast.

V Du allein warst wert, zu tragen
aller Sünde Lösegeld,

du, die Planke, die uns rettet
aus dem Schiffbruch dieser Welt.
Du, gesalbt vom Blut des Lammes,
Pfosten, der den Tod abhält.

A   Lob und Ruhm sei ohne Ende
Gott, dem höchsten Herrn, geweiht.
Preis dem Vater und dem Sohne
und dem Geist der Heiligkeit.
Einen Gott in drei Personen
lobe alle Welt und Zeit. Amen.

Fortunatus Venantius (6. Jh.)

Lied

O du hochheilig Kreuze (GL 294,6-10)

Lesung

Phil 2,6-11: Christus Jesus erniedrigte sich; darum hat ihn Gott über alle erhöht

L   Lesung aus dem Brief des Apostels Paulus an die Philipper.
Christus Jesus war Gott gleich, hielt aber nicht daran fest, wie Gott zu sein, sondern er entäußerte sich und wurde wie ein Sklave und der Menschen gleich. Sein Leben war das eines Menschen; er erniedrigte sich und war gehorsam bis zum Tod, bis zum Tod am Kreuz.

Darum hat ihn Gott über alle erhöht und ihm den Namen verliehen, der größer ist als alle Namen, damit alle im Himmel, auf der Erde und unter der Erde ihre Knie beugen vor dem Namen Jesu und jeder Mund bekennt: „Jesus Christus ist der Herr" – zur Ehre Gottes, des Vaters.

Impuls

L   Wenn sich zwei Menschen lieben, sind sie gerne beieinander. Selbst wenn sie getrennt sind, ziehen sie sich einander wie Magneten an. Auch das Kreuz des Herrn ist wie ein Magnet. Jesus, am Kreuze erhöht, zieht alle an sich. Der Gekreuzigte ist der Anziehungspunkt. Wir rühmen uns des Kreuzes unseres Herrn Jesus Christus, denn in ihm ist uns Heil, Auferstehung und Leben geworden. Gott hat das Heil der Welt auf das Holz des Kreuzes gegründet. Vom Baum des Paradieses kam der Tod, aber vom Baum des Kreuzes erstand das Leben. Das Kreuz ist ein Zeichen, dem wir vertrauen können. Es schenkt uns Kraft, damit wir unsere Aufgaben bewältigen können. In seiner Nähe brauchen wir nicht zu verzagen. Haben wir Mut, zum Kreuz zu gehen:

> In den Wundern der Natur
> findest du Gottes Spur.

> Doch willst du ihn noch größer sehn,
> dann bleib an seinem Kreuze stehn.

Stille

Lied

Kreuz, auf das ich schaue (GL 270,1-3)

Psalm

Psalm 96: Der Herr, König und Richter aller Welt
(GL 54,2)

V/A Wir beten dich an, Herr Jesus Christus, und preisen dich, denn durch dein heiliges Kreuz hast
du die Welt erlöst.

V Singet dem Herrn ein neues Lied, *
singt dem Herrn, alle Länder der Erde!

A Singt dem Herrn und preist seinen Namen, *
verkündet sein Heil von Tag zu Tag!

V Erzählt bei den Völkern von seiner Herrlichkeit, *
bei allen Nationen von seinen Wundern!

A Denn groß ist der Herr und hoch zu preisen, *
mehr zu fürchten als alle Götter.

V Alle Götter der Heiden sind nichtig, *
der Herr aber hat den Himmel geschaffen

A Hoheit und Pracht sind vor seinem Angesicht, *
Macht und Glanz in seinem Heiligtum.

V Bringt dar dem Herrn, ihr Stämme der Völker, *
bringt dar dem Herrn Lob und Ehre!

A Bringt dar dem Herrn die Ehre seines Namens, *
spendet Opfergaben und tretet ein in sein Heiligtum.

V In heiligem Schmuck werft euch nieder vor dem Herrn, *
erbebt vor ihm, alle Länder der Erde!

A Verkündet bei den Völkern: *
Der Herr ist König.

V Den Erdkreis hat er gegründet, so dass er nicht wankt. *
Er richtet die Nationen so, wie es recht ist.

A Der Himmel freue sich, die Erde frohlocke, *
es brause das Meer und alles, was es erfüllt!

V Es jauchze die Flur und was auf ihr wächst! *
Jubeln sollen alle Bäume des Waldes

A vor dem Herrn, wenn er kommt, wenn er kommt, *
um die Erde zu richten.

V Er richtet den Erdkreis gerecht *
und die Nationen nach seiner Treue.

A Ehre sei dem Vater und dem Sohne *
und dem Heiligen Geiste.

V Wie im Anfang so auch jetzt und allezeit *
und in Ewigkeit. Amen.

A+V Wir beten dich an, Herr Jesus Christus, und preisen dich, denn durch dein heiliges Kreuz hast du die Welt erlöst.

Lied

Christus war für uns gehorsam bis zum Tod
(GL 287)

Fürbitten

V Gott, unser Vater, du hast deinen geliebten Sohn um unserer Sünden willen in den Tod gegeben. Wir rufen voll Vertrauen zu dir:

L Wir bitten dich für deine Kirche. Gib, dass sie aus der Kraft des Kreuzes Christi deine Botschaft mutig verkündet.

A Wir bitten dich, erhöre uns.

L Wir bitten dich für die verfolgten Christen. Stehe ihnen bei und vergib denen, die ihnen Unrecht tun.

A Wir bitten dich, erhöre uns.

L Wir bitten dich für die Flüchtlinge, die Kranken und die Schwachen. Lass sie Zuflucht und Hilfe finden.

A Wir bitten dich, erhöre uns.

L Wir bitten dich für die Sünder, schenke ihnen die Gnade der Bekehrung, Verzeihung und Frieden.

A Wir bitten dich, erhöre uns.

L Wir bitten dich für die Verstorbenen, die du durch dein kostbares Blut erlöst hast. Öffne ihnen die Pforten zum ewigen Leben.

A Wir bitten dich, erhöre uns.

V Allmächtiger Gott, dein viel geliebter Sohn hat den Tod am Kreuz auf sich genommen, um uns zu erlösen. Erleuchte unsere Dunkelheit, damit wir durch die Teilnahme an seinem Leiden und Sterben Anteil an seiner Auferstehung erlangen. Darum bitten wir durch Christus, unseren Herrn.

A Amen.

▩ Segensbitte

V Gütiger Vater, das Kreuz deines Sohnes ist uns nicht Torheit, sondern Kraft und Heil. In diesem Zeichen segne uns auf unserem Weg zu dir. Darum bitten wir dich im Namen des Vaters und des Sohnes und des Heiligen Geistes.

A   Amen.

Lied

Wir danken dir, Herr Jesu Christ (GL 297,1-4)

Und suchst du meine Sünde (GL 274)

Bußandacht zur Fastenzeit

▨ **Lied**

Bekehre uns, vergibt die Sünden (GL 266,1-3)

V Im Namen des Vaters und des Sohnes und des Heiligen Geistes.

A Amen.

V Wir machen uns manchmal viele Sorgen um Dinge, die wir nicht brauchen, die uns total in Beschlag nehmen. Gott ist ein sich schenkender Gott, der umsonst gibt. In der Regel von Taizé wird im Kapitel über die „Gütergemeinschaft" zur inneren Freiheit ermutigt, die ganz auf Gott setzt.

▨ **Impuls aus der Regel von Taizé**

V Die Gütergemeinschaft ist total. Die Kühnheit, alles, was heute da ist, aufs Beste zu nutzen, sich keinerlei Kapital zu sichern – ohne Furcht vor möglicher Armut –, gibt eine unberechenbare Kraft. Wenn du dagegen wie Israel das Brot, das vom Himmel gekommen ist, für morgen zurücklegst, wenn du Zukunftspläne ausarbeitest, dann bist du in der Gefahr, die Brüder unnütz zu überfordern, deren Berufung es doch ist, im jetzigen Augenblick zu leben.

Die Armut an sich ist keine Tugend. Der Arme nach dem Evangelium lernt es, zu leben ohne Sicherung für den morgigen Tag, in dem fröhlichen Vertrauen, dass für alles gesorgt sein wird. Der Geist der Armut besteht nicht darin, alles so zu halten, wie es der schlichten Schönheit der Schöpfung entspricht. Der Geist der Armut ist Leben in der hellen Freude am Heute. Wenn Gott die Güter der Erde umsonst austeilt, ist es Gnade für den Menschen, zu geben, was er empfangen hat.

Kyrie-Rufe
(nach der Melodie von GL 163)

V Herr Jesus, du rufst uns zur Umkehr.
A Kyrie eleison.

V Du liebst die Armen und Kleinen.
A Kyrie eleison.

V Herr Christus, du stillst den Hunger nach Gerechtigkeit.
A Christe eleison.

V Du schenkst uns die Vergebung der Sünden.
A Christe eleison.

V Herr Jesus, du schaffst eine neue Erde.
A Kyrie eleison.

V Du stärkst uns als deine Zeugen.
A Kyrie eleison.

Gebet

V Ewiger Gott.
Die Tage zerrinnen uns zwischen den Händen.
Unser Leben schwindet dahin.
Du aber bleibst.
Gestern und heute und morgen
bist du derselbe.
Von Ewigkeit her kennst du uns.
Unsere Zukunft liegt in deiner Hand.
Mach uns bereit für alles,
was du mit uns tun wirst.
Darum bitten wir durch Jesus Christus.

A Amen.

Lesung

2 Kor 5,17-21: Gott hat uns durch Christus mit
sich versöhnt

Lesung aus dem zweiten Brief des Apostels Paulus an die Korinther.

Wenn also jemand in Christus ist, dann ist er eine neue Schöpfung: Das Alte ist vergangen, Neues ist geworden. Aber das alles kommt von Gott, der uns durch Christus mit sich versöhnt und uns den Dienst der Versöhnung aufgetragen hat. Ja, Gott war es, der in Christus die Welt mit sich versöhnt hat, indem er den Menschen ihre Verfehlungen nicht anrechnete und uns das Wort von der Versöhnung (zur Verkündigung) anvertraute. Wir sind also Gesandte an Christi statt, und Gott ist es, der durch uns mahnt. Wir bitten an Christi statt: Lasst euch mit Gott versöhnen! Er hat den, der keine Sünde kannte, für uns zur Sünde gemacht, damit wir in ihm Gerechtigkeit Gottes würden.

Lied

Und suchst du meine Sünde (GL 274)

Impuls

„Gott hat die Welt so sehr geliebt, dass er seinen einzigen Sohn hingab, damit jeder, der an ihn glaubt, nicht zugrunde geht, sondern das ewige Leben hat" (Joh 3,16).

Mit diesem Satz eröffnet uns das Johannes-

evangelium einen Blick in das innerste Wesen
Gottes. Gott ist einer, der sich hingibt, er ist einer, der sich verschenkt. Das Wesen Gottes ist
Hingabe. Weil dies so ist, ist Gott nicht vorstell-
bar als eine Person, sondern er ist in sich selbst
in lebendiger Beziehung, in einer Gemeinschaft.
Das Leben Gottes ist ein ewiges innergött-
liches Spiel der Hingabe. Ja diese Hingabe ist
so lebendig, so brennend, dass sie selbst eine
Person ist: der Heilige Geist. Gott ist also keine
einsame, übermächtige Gestalt in einem kalten
Jenseits.

Mit dem Wort Hingabe ist das Wesen des drei-
faltigen Gottes und auch die Initiative der Erlösung treffend ausgesprochen. Deshalb geht
Jesus den Weg des Leidens, der zu seinem Tod
am Kreuz führt. So wirkt uns Jesus, der zur Sünde gemacht wurde, die Versöhnung. Daher die
Einladung an uns: „Lasst euch mit Gott versöhnen!" (2 Kor 5,20)

Stille

Vergebungsbitten

V Durch Christus kann unser Leben neu werden.
Er hat uns mit Gott versöhnt. Vor Gott sehen wir
unser Leben und auch unser Versagen in einem

anderen Licht. Er kann auf krummen Zeilen gerade schreiben.

V/A Verbirg dein Gesicht vor meinen Sünden, erschaffe mir ein reines Herz.
(gesungen GL 276)

V Wir bitten Gott um Vergebung, weil uns unsere Bequemlichkeit und der eigene Genuss wichtiger sind als das, was andere Menschen von uns brauchen.

A Verbirg dein Gesicht ...

V Wir bitten um Vergebung für unsere Vorurteile und unsere negative Einstellung, die wir zu manchen Menschen haben, zu denen, die uns nicht sympathisch sind.

A Verbirg dein Gesicht ...

V Wir bitten um Vergebung, weil wir durch unseren Wohlstand die Not der anderen nicht sehen oder weil wir an unseren Mitmenschen schuldig geworden sind.

A Verbirg dein Gesicht ...

V Wir bitten um Vergebung für die Verletzungen, die wir anderen zugefügt haben, für üble Nachrede oder mangelnden Mut, für andere einzutreten.

A Verbirg dein Gesicht …

V Wir bitten um Vergebung, weil wir das Gebet und die Mitfeier der Gottesdienste vernachlässigt haben oder weil wir nur zu Gott beten, wenn wir seine Hilfe benötigen.

A Verbirg dein Gesicht …

V Wir bitten um Vergebung, weil wir für unseren Glauben zu wenig Zeugnis gegeben haben oder weil wir für die Würde des Menschen zu wenig eingetreten sind.

A Verbirg dein Gesicht …

V Der barmherzige Gott erbarme sich unser. Er nehme von uns Sünde und Schuld, damit wir mit reinem Herzen vor ihm stehen können.

A Amen.

Lied

Erbarm dich, erbarm dich mein (GL 268)

V Unsere Hilfe ist im Namen des Herrn,

A Der Himmel und Erde erschaffen hat.

V Gebt einander ein Zeichen des Friedens und der Versöhnung.

Fürbitten

V Wir beten zu Gott, unserem Vater, der uns aufrichtig liebt:
Für unseren Papst ... und unseren Bischof ...:
Führe sie durch deinen Geist.

A Wir bitten dich, erhöre uns.

V Für die Kranken und Leidenden: Lass sie die Gemeinschaft mit unserem Herrn Jesus Christus erfahren.

A Wir bitten dich, erhöre uns.

V Für die Obdachlosen und die Flüchtlinge Lass sie einen Ort finden, wo sie menschenwürdig leben können.

A Wir bitten dich, erhöre uns.

V Um das tägliche Brot: Hilf, dass niemand zu hungern braucht.

A Wir bitten dich, erhöre uns.

V Für unser Volk: Schenke ihm Einheit und Frieden.

A Wir bitten dich, erhöre uns.

V Für die Verstorbenen: Nimm sie auf in die ewigen Wohnungen.

A   Wir bitten dich, erhöre uns.

V   Erbarmender Gott, du weißt, was wir für unser Leben brauchen.
Mach uns hellhörig für die Not der Menschen, damit wir uns in der Nachfolge Christi selbstlos für sie einsetzen.

A   Amen.

Vaterunser

V   Wir wollen beten, wie Jesus uns zu beten gelehrt hat:

A   Vater unser im Himmel ...

Schlussgebet

V   Gütiger Gott, vertiefe unseren Glauben, mache stark unsere Hoffnung und entzünde unsere Herzen zu Werken der Liebe. Darum bitten wir durch Christus, unseren Herrn.

A   Amen.

Segensbitte

V   Der Gott und Vater unseres Herrn Jesus Christus, der uns tröstet in jeder Not, segne uns und lenke unsere Tage in seinen Frieden.

A Amen.

V Er bewahre uns vor aller Verwirrung und festige unsere Herzen in seiner Liebe.

A Amen.

V In diesem Leben mache er uns reich an guten Werken, im künftigen sei er selbst unser unvergänglicher Lohn.

A Amen.

V Gehet hin in Frieden.

A Dank sei Gott, dem Herrn.

Lied

Nun danket alle Gott (GL 405,1-3)

Selig, wem Christus auf dem Weg begegnet (GL 275)

Andacht zur Fastenzeit

Lied

Mir nach, spricht Christus, unser Held
(GL 461,1-2)

V Im Namen des Vaters und des Sohnes und des Heiligen Geistes.

A Amen.

Weg-Gebet

V Weiß ich den Weg auch nicht, Herr Jesus Christ, du weißt ihn wohl.
Du selbst bist der Weg und das Leben.
Du führst mich, wenn ich mich auf deinen Ruf einlasse.
Du öffnest mir die Augen für deine wunderbare Weisung.
Du lässt mich erkennen, dass du an meinem Leben Anteil nimmst.
Muss ich auch wandern in finsterer Schlucht, ich fürchte kein Unheil, denn du bist bei mir.

A Weiß ich den Weg auch nicht, Herr Jesus Christ, du weißt ihn wohl.
Du bist mein guter Hirt.
Du führst mich und trägst mich auf unwegsamen Pfaden.
Du suchst mich, wenn ich dich verliere.
Du schenkst mir dein Erbarmen, wenn ich Schuld auf mich geladen habe.
Du heilst mich an Leib und Seele, denn du kennst mich und bist bei mir.

A+V Weiß ich den Weg auch nicht, Herr Jesus Christ, du weißt ihn wohl.
Du bist mein Licht und mein Heil.
Zeige mir dein Antlitz und ich werde heil.
Du bist mein Leben.
Du kennst mich.
Ich brauche deine Weggemeinschaft, denn du weißt dass ich dich liebe und immerfort suche.
Komm, Herr, und sei mir nahe.

Lied

Mir nach, spricht Christus, unser Held
(GL 461,3-4)

▦ Evangelium

Lk 17,11-19: Ist keiner umgekehrt, um Gott zu ehren, außer diesem Fremden?

L Aus dem Evangelium nach Lukas.
Auf dem Weg nach Jerusalem zog Jesus durch das Grenzgebiet von Samarien und Galiläa. Als er in ein Dorf hineingehen wollte, kamen ihm zehn Aussätzige entgegen. Sie blieben in der Ferne stehen und riefen: Jesus, Meister, hab Erbarmen mit uns! Als er sie sah, sagte er zu ihnen: Geht, zeigt euch den Priestern! Und während sie zu den Priestern gingen, wurden sie rein.
Einer von ihnen aber kehrte um, als er sah, dass er geheilt war; und er lobte Gott mit lauter Stimme. Er warf sich vor den Füßen Jesu zu Boden und dankte ihm. Dieser Mann war aus Samarien. Da sagte Jesus: Es sind doch alle zehn rein geworden. Wo sind die übrigen neun? Ist denn keiner umgekehrt, um Gott zu ehren, außer diesem Fremden? Und er sagte zu ihm: Steh auf und geh! Dein Glaube hat dir geholfen.

▦ Lied

Herr, deine Güte ist unbegrenzt (GL 427,1-2)

▨ Impuls

L Wer die Georgskirche in Oberzell auf der Insel Reichenau im Bodensee besucht, entdeckt auf den Wänden des Mittelschiffes auf der rechten Seite Auferstehungsbilder aus dem 10. Jahrhundert. Das erste davon, vorne rechts, zeigt die Heilung der zehn Aussätzigen. Diese begegnen Jesus auf seinem Weg nach Jerusalem und rufen ihm zu: „Jesus, Meister, hab Erbarmen mit uns!" (Lk 17,13) Der Maler wusste, dass die Heilung vom Aussatz einer Totenauferweckung gleichkam. Menschen mit müden, glanzlosen Augen und zerfressenen Gliedern begegnen Jesus. Dieser sagt zu ihnen: „Geht, zeigt euch den Priestern!" (Lk 17,14) Während sie hingingen, wurden sie geheilt. Sie können wieder in die soziale und gottesdienstliche Gemeinschaft zurückkehren. Sie können wieder einander die Hände reichen, Menschen umarmen und trösten. Ihnen gilt: Selig, wem Christus auf dem Weg begegnet!

Stille

▨ Lied

Selig, wem Christus auf dem Weg begegnet.
(GL 275,1-2)

Psalm

Psalm 98,1-4: Ein neues Lied auf den Richter und Retter (GL 55,2)

V/A Der Herr hat sein Heil enthüllt vor den Augen der Völker!

V Singet dem Herrn ein neues Lied, *
denn er hat wunderbare Taten vollbracht!

A Er hat mit seiner Rechten geholfen *
und mit seinem heiligen Arm.

V Der Herr hat sein Heil bekannt gemacht *
und sein gerechtes Wirken enthüllt vor den Augen der Völker.

A Er dachte an seine Huld *
und an seine Treue zum Hause Israel.

V Alle Enden der Erde *
sahen das Heil unsres Gottes.

A Jauchzt vor dem Herrn, alle Länder der Erde, *
freut euch, jubelt und singt!

A+V Der Herr hat sein Heil enthüllt vor den Augen der Völker!

░ Weg-Litanei

V/A Herr, erbarme dich unser.
V/A Christus, erbarme dich unser.
V/A Herr, erbarme dich unser.

V Jesus, du bist mit uns auf dem Weg.
A Komm und führe uns.

V Jesus, du bist unser Helfer auf dem Weg.
A Komm und rette uns.

V Jesus, du bist unser Heiland auf dem Weg.
A Komm und heile uns.

V Jesus, du bist der gute Hirt auf dem Weg.
A Komm und hole heim die Verirrten.

V Jesus, du bist unser Retter auf dem Weg.
A Komm und stärke uns.

V Jesus, du bist unser Tröster auf dem Weg.
A Komm und lindere unsere Not.

V Jesus, du bist unser Lehrer auf dem Weg.
A Komm und erschließe uns deine Frohe Botschaft.

V Jesus, du bist unsere Speise auf dem Weg.
A Komm und schenke uns Kraft.

V Jesus, du bist unsere Freude auf dem Weg.

A   Komm und erfülle uns mit deinem Geist.

V   Lamm Gottes, du nimmst hinweg die Sünde der Welt.
A   Erbarme dich unser, o Jesus.

V   Lamm Gottes, du nimmst hinweg die Sünde der Welt.
A   Erbarme dich unser, o Jesus.

V   Lamm Gottes, du nimmst hinweg die Sünde der Welt.
A   Gib uns deinen Frieden, o Jesus.

V   Jesus Christus, wir sind mit dir auf dem Weg. Schenke uns Mut und Zuversicht. Stärke unseren Glauben, vermehre unsere Hoffnung und entzünde in uns die Liebe zu Gott und den Menschen.

A   Amen.

Lied

Selig, wem Christus auf dem Weg begegnet (GL 275, 3-5)

Segensbitte

V   Gott, unser Vater, segne uns mit allem Segen des Himmels.

A   Amen.

V   Jesus Christus, schenke uns Freude am Leben nach deinem Evangelium.

A   Amen.

V   Gott, Heiliger Geist, erleuchte und heilige uns.

A   Amen.

V   Das gewähre uns der dreifaltige Gott, der Vater und der Sohn und der Heilige Geist.

A   Amen.

Lied

Bewahre uns, Gott, behüte uns (GL 453,1–4)

Also sprach beim Abendmahle (GL 281)

Eucharistische Andacht mit Anbetung zur Heiligen Woche

■ **Lied**

Also sprach beim Abendmahle (GL 281,1-2)

Das Altarsakrament wird zu Beginn der eucha-ristischen Andacht im Ziborium auf den Altar zur Anbetung ausgesetzt. Danach Eröffnung.

V Im Namen des Vaters und des Sohnes und des Heiligen Geistes.

A Amen.

■ **Lobpreis auf Jesus Christus**

V Gepriesen bist du, Herr Jesus Christus,
Sohn des lebendigen Gottes, du bist für uns Mensch geworden.

A Gelobt und gepriesen bist du in Ewigkeit.

V Gepriesen bist du, Herr Jesus Christus,
Sohn des lebendigen Gottes, du hast uns die Liebe des Vaters verkündet.

A   Gelobt und gepriesen bist du in Ewigkeit.

V   Gepriesen bist du, Herr Jesus Christus,
Sohn des lebendigen Gottes, du hast dich der
Armen und Kranken erbarmt.

A   Gelobt und gepriesen bist du in Ewigkeit.

V   Gepriesen bist du, Herr Jesus Christus,
Sohn des lebendigen Gottes, du hast uns
die heilige Eucharistie als Vermächtnis
deiner Gegenwart geschenkt.

A   Gelobt und gepriesen bist du in Ewigkeit.

V   Gepriesen bist du, Herr Jesus Christus,
Sohn des lebendigen Gottes, du bist im
allerheiligsten Sakrament bei uns und
stärkst uns durch deinen heiligen Leib
und dein heiliges Blut.

A   Gelobt und gepriesen bist du in Ewigkeit.

V   Gepriesen bist du, Herr Jesus Christus,
Sohn des lebendigen Gottes, du hast aus Liebe
zu uns den Tod am Kreuz auf dich genommen.

A   Gelobt und gepriesen bist du in Ewigkeit.

V   Gepriesen bist du, Herr Jesus Christus,
Sohn des lebendigen Gottes, du bist für uns
glorreich von den Toten auferstanden.

A   Gelobt und gepriesen bist du in Ewigkeit.

V   Gepriesen bist du, Herr Jesus Christus,
         Sohn des lebendigen Gottes, du wirst einst
         wiederkommen in Herrlichkeit.

A   Gelobt und gepriesen bist du in Ewigkeit.

▨ Lied

Also sprach beim Abendmahle (GL 281,3-4)

▨ Lesung

1 Kor 11,23-26: Sooft ihr von diesem Brot esst
und aus diesem Kelch trinkt, verkündet ihr den
Tod des Herrn, bis er kommt.

L   Lesung aus dem ersten Brief des Apostels Pau-
         lus an die Korinther.
         Ich habe vom Herrn empfangen, was ich euch
         dann überliefert habe: Jesus, der Herr, nahm in
         der Nacht, in der er ausgeliefert wurde, Brot,
         sprach das Dankgebet, brach das Brot und sag-
         te: Das ist mein Leib für euch. Tut dies zu meinem
         Gedächtnis! Ebenso nahm er nach dem Mahl
         den Kelch und sprach: Dieser Kelch ist der Neue
         Bund in meinem Blut. Tut dies, sooft ihr daraus
         trinkt, zu meinem Gedächtnis! Denn sooft ihr von
         diesem Brot esst und aus dem Kelch trinkt, ver-
         kündet ihr den Tod des Herrn, bis er kommt.

Impuls

L   Papst Johannes Paul II. schreibt in seiner Enzyklika „Ecclesia de Eucharistia" über dieses Geheimnis des Glaubens: „Jesus, der Herr, in der Nacht, da er ausgeliefert wurde" (1 Kor 11, 23), hat das eucharistische Opfer seines Leibes und seines Blutes gestiftet. Die Worte des heiligen Apostels Paulus führen uns zu den dramatischen Umständen zurück, in denen die Eucharistie entstanden ist. In sie ist das Ereignis des Leidens und des Todes des Herrn unauslöschlich eingeschrieben. Sie ist nicht nur ein In-Erinnerung-Rufen, sondern die sakramentale Wieder-Vergegenwärtigung dieses Geschehens. Sie ist das Kreuzesopfer, das durch die Jahrhunderte fortdauert. Gut drücken die Worte, mit denen das gläubige Volk im lateinischen Ritus auf den Ruf des Priesters „Geheimnis des Glaubens" antwortet, diese Wahrheit aus: „Deinen Tod, o Herr, verkünden wir!"
Die Kirche hat die Eucharistie von Christus, ihrem Herrn, nicht als irgendeine Gabe erhalten, kostbar unter vielen anderen, sondern als die Gabe schlechthin, da es die Gabe seiner selbst ist, seiner Person in seiner heiligen Menschheit, und auch seines Erlösungswerkes. Dieses beschränkt sich nicht auf die Vergangenheit, denn

„alles, was Christus ist, und alles, was er für alle
Menschen getan und gelitten hat, nimmt an der
Ewigkeit Gottes teil, steht somit über allen Zei-
ten und wird ihnen gegenwärtig".

Stille

▨ Lied

Preise, Zunge, das Geheimnis (GL 493,1-3)

▨ Wechselgebet

V Lobe, Zion, deinen Hirten;
dem Erlöser der Verirrten
stimme Dank und Jubel an.
Lass dein Lob zum Himmel dringen;
ihn zu rühmen, ihm zu singen,
hat kein Mensch genug getan.

A Er ist uns im Brot gegeben,
Brot, das lebt und spendet Leben,
Brot, das Ewigkeit verheißt,
Brot, mit dem der Herr im Saale
dort beim österlichen Mahle
die zwölf Jünger hat gespeist.

V Lobt und preist, singt Freudenlieder;
festlich kehrt der Tag uns wieder,
jener Tag von Brot und Wein,

da der Herr zu Tisch geladen
und dies heilge Mahl der Gnaden
setzte zum Gedächtnis ein.

A   Was bei jenem Mahl geschehen,
sollen heute wir begehen
und verkünden seinen Tod.
Wie der Herr uns aufgetragen,
weihen wir, Gott Dank zu sagen,
nun zum Opfer Wein und Brot.

V   Seht das Brot, der Engel Speise,
Brot auf unsrer Pilgerreise,
das den Hunger wahrhaft stillt.
Abrams Opfer hat's gedeutet,
war im Manna vorbereitet,
fand im Osterlamm sein Bild.

A   Guter Hirt, du Brot des Lebens,
wer dir traut, hofft nicht vergebens,
geht getrost durch diese Zeit.
Die du hier zu Tisch geladen,
ruf auch dort zum Mahl der Gnaden
in des Vaters Herrlichkeit.

Maria Luise Thurmair nach „Lauda Sion Salvatorem"
von Thomas von Aquin 1263/64

Lied

Litanei von der Anbetung Jesu Christi (GL 562)
oder
Preise, Zunge, das Geheimnis (GL 493,4-6)

Impuls

L   Papst Johannes Paul II. sagt im Artikel 25 in seiner Enzyklika „Ecclesia de Eucharistia" über die
Anbetung Jesu im Altarsakrament:
„Es ist schön, bei ihm zu verweilen und, wie der
Lieblingsjünger an seine Brust gelehnt (vgl. Joh
13,25) von der unbegrenzten Liebe seines Her-
zens berührt zu werden. Wenn das Christentum
in unserer Zeit sich vor allem durch die ‚Kunst
des Glaubens' auszeichnen soll, wie könnte man
dann nicht ein erneuertes Bedürfnis verspüren,
ausgiebig vor Christus, der im Allerheiligsten
Sakrament gegenwärtig ist, im geistlichen Zwie-
gespräch und in der Haltung der Liebe zu ver-
harren? So viele Male, meine lieben Brüder und
Schwestern, habe ich diese Erfahrung gemacht
und daraus Kraft, Trost und Stärkung bezogen!"

Stille

Kurzer Lobpreis

V Hochgelobt und gepriesen sei ohne End Jesus Christus im allerheiligsten Sakrament.

A Von nun an bis in Ewigkeit.

Schlussgebet und Segenstille

V Herr Jesus Christus, du hast mit deinen Jüngern das Abendmahl gehalten. Du hast ihnen gezeigt wie sehr du sie liebst. Nach diesem Mahl hast du den Kelch des Leidens auf dich genommen und bist in den Tod gegangen. Doch dein himmlischer Vater hat dich zum Leben auferweckt und verherrlicht.

In diesem Heiligen Brot bist du als Gott und Mensch gegenwärtig. Wir beten dich an und bitten dich, schenke uns Anteil an deinem Leiden und Sterben und führe uns zur ewigen Herrlichkeit.

Segne uns und führe uns vom Glauben zum Schauen.

A Amen.

Der Leiter der Andacht stellt das heilige Sakrament wieder in den Tabernakel zurück. Währenddessen wird das Schlusslied gesungen.

Lied

Beim letzten Abendmahle (GL 282,1-4)

Aus der Tiefe rufe ich zu dir
(GL 283)

Andacht zur Heiligen Woche

▨ Lied

Bekehre uns, vergib die Sünde (GL 266,1-3)

V Im Namen des Vaters und des Sohnes und des
Heiligen Geistes.
A Amen.

▨ Wechselgebet „Herr, du kennst mich"

V Herr, du kennst mich, ob ich sitze oder stehe,
du weißt genau, wie mein Leben gelingen kann.
Du bist vertraut mit all meinen Klagen.
Lass mich das Geheimnis meines Lebens verstehen, denn du hast mich nach deinem Bild
und Gleichnis erschaffen.

A Herr, du kennst mich, hilf mir loszulassen,
was mich daran hindert, dir vertrauensvoll zu
begegnen.
Ich möchte mich von deinem Wort ergreifen lassen, damit ich dein Angebot der Liebe erkenne,
denn du umschließt mich von allen Seiten und
legst deine Hand auf mich.

A+V Herr, du kennst mich, hilf mir zuzulassen,
dass ich ganz Mensch werde und die Gaben,
die du mir geschenkt hast, entfalte.
Du hast mich geformt im Dunkeln und kunstvoll
gewirkt in den Tiefen der Erde.
Ich danke dir, denn staunenswert sind deine
Werke.

Lied

Bekehre uns, vergib die Sünde (GL 266,6-7)

Evangelium

Mt 14,22-33: Herr, befiel, dass ich auf dem
Wasser zu dir komme

L Aus dem Evangelium nach Matthäus.
Nachdem Jesus die Menge gespeist hatte, for-
derte er die Jünger auf, ins Boot zu steigen und
an das andere Ufer vorauszufahren. Inzwischen
wollte er die Leute nach Hause schicken. Nachdem er sie weggeschickt hatte, stieg er auf einen Berg, um in der Einsamkeit zu beten. Spät
am Abend war er immer noch allein auf dem
Berg. Das Boot aber war schon viele Stadien
vom Land entfernt und wurde von den Wellen
hin und her geworfen; denn sie hatten Gegen-
wind. In der vierten Nachtwache kam Jesus zu

ihnen; er ging auf dem See. Als ihn die Jünger
über den See kommen sahen, erschraken sie,
weil sie meinten, es sei ein Gespenst, und sie
schrien vor Angst. Doch Jesus begann mit ihnen zu reden und sagte: Habt Vertrauen, ich bin
es, fürchtet euch nicht! Darauf erwiderte ihm
Petrus: Herr, wenn du es bist, so befiehl, dass
ich auf dem Wasser zu dir komme. Jesus sagte: Komm! Da stieg Petrus aus dem Boot und
ging über das Wasser auf Jesus zu. Als er aber
sah, wie heftig der Wind war, bekam er Angst
und begann unterzugehen. Er schrie: Herr, rette
mich! Jesus streckte sofort die Hand aus, ergriff
ihn und sagte zu ihm: Du Kleingläubiger, warum
hast du gezweifelt? Und als sie ins Boot gestie-
gen waren, legte sich der Wind. Die Jünger im
Boot aber fielen vor Jesus nieder und sagten:
Wahrhaftig, du bist Gottes Sohn.

Impuls

L   Jesus ruft den erschrockenen Männern im Boot
auf dem See Gennesaret zu: „Habt Vertrauen,
ich bin es; fürchtet auch nicht!" (Mt 14,17).
Diese Szene wird zur Darstellung eines Glau-
bensweges. Die Handlung konzentriert sich auf
Petrus. Er ist der erste der Apostel, der stellver-
tretend für die anderen handelt. Glaube ist Ant-

wort. Petrus folgt dem Ruf des Herrn: „Komm!"
(Mt 14,29). In dem Augenblick aber, in dem Petrus nicht mehr den Herrn im Blick hat, sondern
sich von nüchternen Überlegungen bestimmen
lässt, erfasst ihn Angst und er geht unter. Aber
aus der Tiefe schreit er: „Herr, rette mich!" (Mt
14,30). Es gibt nichts Unsinnigeres als über das
Wasser zu laufen, das bekanntlich keine Balken
hat. Wasser ist in der Bildersprache der Bibel
ein Symbol für die unheimlichen Mächte des
Chaos und des Todes. Jesus schreitet über das
Wasser, denn er ist Sieger über die Todesgewalten. Petrus kann nur solange über das Wasser
gehen, solange er auf das Wort des Herrn baut.
Es gilt: „Nur dir will ich vertrauen, aus der Tiefe
rufe ich zu dir, auf dein Wort will ich bauen."

Stille

Lied

Aus der Tiefe rufe ich zu dir (GL 283,1-4)

Psalm

Psalm 130: Bitte in tiefer Not

V/A Aus der Tiefe rufe ich zu dir, Herr, höre meine
Klagen.

V   Aus der Tiefe rufe ich, Herr, zu dir: *
Herr, höre meine Stimme!

A   Wende dein Ohr mir zu, *
achte auf mein lautes Flehen!

V   Würdest du, Herr, unsere Sünden beachten, *
Herr, wer könnte bestehen?

A   Doch bei dir ist Vergebung, *
damit man in Ehrfurcht dir dient.

V   Ich hoffe auf den Herrn, es hofft meine Seele, *
ich warte voll Vertrauen auf sein Wort.

A   Meine Seele wartet auf den Herrn *
mehr als die Wächter auf den Morgen.

V   Mehr als die Wächter auf den Morgen *
soll Israel harren auf den Herrn.

A   Denn beim Herrn ist die Huld, *
bei ihm ist Erlösung in Fülle.

V   Ja, er wird Israel erlösen *
von all seinen Sünden.

A   Ehre sei dem Vater und dem Sohne *
und dem Heiligen Geist.

V   Wie im Anfang so auch jetzt und allezeit *
und in Ewigkeit. Amen.

A+V Aus der Tiefe rufe ich zu dir, Herr, höre meine
Klagen.

▓ **Segensbitte**

V Gott, segne uns, so wie wir sind.
Mit unseren Ecken und Kanten,
mit unserer Sehnsucht nach dir.
Gott, höre unsere Bitten und erfülle
unser Schweigen mit deinem Segen.
So segne uns der Vater, der Sohn und der Heilige Geist.

A Amen.

▓ **Lied**

Aus tiefer Not schrei ich zu dir (GL 277,1-3)

So sehr hat Gott die Welt geliebt
(GL 298)

Andacht zur Heiligen Woche

▨ Lied

Gott liebt diese Welt (GL 464,1-4)

V Im Namen des Vaters und des Sohnes und des Heiligen Geistes.

A Amen.

V Der Sonnengesang des heiligen Franziskus (†1226) bringt eindrucksvoll das Schöpfungswerk Gottes zum Ausdruck.

▨ Der Sonnengesang

Als Ruf nach den einzelnen Textstrophen kann gesungen werden: „Gelobt seist du, mein Herr!" *(GL 559)*

V Du höchster, mächtigster, guter Herr.
Dir sind die Lieder des Lobes, Ruhm und Ehre
und jeglicher Dank geweiht:
Dir nur gebühren sie, Höchster,
und keiner der Menschen ist würdig,
dich auch nur zu nennen.

A   Gelobt seist du, Herr,
mit allen Wesen, die du geschaffen,
der edlen Herrin vor allem, Schwester Sonne,
die uns den Tag heraufführt und Licht spendet,
mit ihren Strahlen, die Schöne,
gar prächtig in mächtigem Glanze:
Dein Gleichnis ist sie, Erhabener.

V   Gelobt seist du, Herr,
durch Bruder Mond und die Sterne.
Durch dich funkeln sie am Himmelsbogen
und leuchten köstlich und schön.

A   Gelobt seist du, Herr, durch Bruder Wind,
und Luft und Wolke und Wetter,
die sanft und streng, nach deinem Willen,
die Wesen leiten, die durch dich sind.

V   Gelobt seist du, Herr, durch Schwester Quelle.
Wie ist sie nützlich in ihrer Demut,
wie köstlich und keusch!

A   Gelobt seist du, Herr, durch Bruder Feuer,
durch den du zur Nacht uns leuchtest.
Schön und freundlich ist er am wohligen Herde,
mächtig als lodernder Brand.

V   Gelobt seist du, Herr,
durch unsere Schwester, die Mutter Erde,
die gütig und stark uns trägt

und mancherlei Frucht uns bietet
mit farbigen Blumen und Matten.

A Gelobt seist du, Herr, durch jene,
die vergeben um deiner Liebe willen
und Pein und Trübsal geduldig tragen.
Selig, die's überwinden im Frieden:
Du, Höchster, wirst sie belohnen.

A+V Gelobt seist du, Herr,
durch unseren Bruder, den leiblichen Tod:
ihm kann kein lebender Mensch entrinnen.
Wehe denen, die sterben in schweren Sünden!
Selig, die er in deinem heiligsten Willen findet!
Denn sie versehrt nicht der zweite Tod.
Lobet und preiset den Herrn!
Danket und dient ihm in großer Demut!

Lesung
1 Joh 4,7-10: Gott ist die Liebe

L Lesung aus dem ersten Johannesbrief.
Liebe Brüder, wir wollen einander lieben denn
die Liebe ist aus Gott, und jeder, der liebt, stammt
von Gott und erkennt Gott. Wer nicht liebt, hat
Gott nicht erkannt; denn Gott ist die Liebe. Die
Liebe Gottes wurde unter uns dadurch offenbart,
dass Gott seinen einzigen Sohn in die Welt gesandt hat, damit wir durch ihn leben. Nicht darin

besteht die Liebe, dass wir Gott geliebt haben, sondern dass er uns geliebt und seinen Sohn als Sühne für unsere Sünden gesandt hat.

Kanon-Lied

So sehr hat Gott die Welt geliebt (GL 298)

Psalm

Psalm 112,4-9: Der Segen der Gottesfurcht

V/A Selig der Mensch, der gütig und zum Helfen bereit ist. (gesungen GL 61)

V   Den Redlichen erstrahlt im Finstern ein Licht: *
der Gnädige, Barmherzige und Gerechte.

A   Wohl dem Mann, der gütig und zum Helfen bereit ist, *
der das Seine ordnet, wie es recht ist.

V   Niemals gerät er ins Wanken; *
ewig denkt man an den Gerechten.

A   Er fürchtet sich nicht vor Verleumdung; *
sein Herz ist fest, er vertraut auf den Herrn.

V   Sein Herz ist getrost, er fürchtet sich nie, *
denn bald wird er herabschauen auf seine Bedränger.

A   Reichlich gibt er den Armen, /
sein Heil hat Bestand für immer; *
er ist mächtig und hoch geehrt.

V   Ehre sei dem Vater und dem Sohne *
und dem Heiligen Geist.

A   Wie im Anfang, so auch jetzt und allezeit *
und in Ewigkeit. Amen.

A+V Selig der Mensch, der gütig und zum Helfen bereit ist.

▩ Kanon-Lied

So sehr hat Gott die Welt geliebt (GL 298)

▩ Caritas-Litanei

V/A Herr, erbarme dich unser.
V/A Christus, erbarme dich unser.
V/A Herr, erbarme dich unser.

V   Christus, höre uns.
A   Christus, erhöre uns.

V   Gott Vater im Himmel,
A   erbarme dich unser.

V   Gott Sohn, Erlöser der Welt, **A**   erbarme ..
Gott Heiliger Geist,
Heiliger dreifaltiger Gott

Ewiger Gott, du Urquell der Liebe
Ewiger Gott, du Urgrund aller Gemeinschaft
Ewiger Gott, du Urbild aller Barmherzigkeit

V Heilige Maria, Mutter der schönen Liebe,
A bitte für uns
V Heiliger Joseph, treuer Behüter der heiligen
Familie **A** bitte ...
Heiliger Paulus, Künder der göttlichen Liebe
Heiliger Johannes, Apostel der Güte
Heiliger Jakobus, Eiferer der guten Werke
Heiliger Franziskus, Vorbild brüderlicher Liebe
Heiliger Antonius, Vater der Hungernden
Heiliger Albertus, gleich groß an Gelehrsamkeit,
Demut und Liebe
Heiliger Vinzenz, Vater der Irrenden und
Enterbten
Heiliger Johannes von Gott, treuer Pfleger der
Kranken
Heiliger Pater Damian de Veuster, Priester der
Aussätzigen
Heiliger Kamillus, voll hingebender Liebe zu den
Sterbenden
Heiliger Konrad von Parzham, gütiger Freund
und Helfer aller Menschen
Heilige Elisabeth, hilfreiche Trösterin der von
Krankheit und Not Bedrängten
Heilige Hedwig von Andechs, liebevolle Mutter

der Armen, Witwen und Waisen
Selige Mutter Teresa von Kalkutta, leuchtendes
Beispiel der Liebe
Alle Heiligen der Caritas   **A**   bittet …
Alle Heiligen unseres deutschen Volkes
Alle Heiligen aller Völker und Zeiten

V   Sei uns gnädig.
A   Verschone uns, o Herr.
V   Von allem Übel
A   erlöse uns, o Herr
V   Von den Leiden und Gefahren der Armut
                       A   erlöse …
Von aller Selbstsucht
Von aller Lieblosigkeit gegen unsere
Mitmenschen
Von aller Unversöhnlichkeit und Feindseligkeit
Von aller Hartherzigkeit und Ungeduld
Von der Geringschätzung des Nebenmenschen
Von Überschätzung der irdischen Dinge
Vom Missbrauch der irdischen Güter
Von aller Ungerechtigkeit

V   Wir armen Sünder.
A   Wir bitten dich, erhöre uns.
V   Dass wir in allen Menschen unsere Brüder
     und Schwestern sehen   **A**   Wir bitten …

     Dass wir einander tun, was wir uns selbst
     wünschen

Dass wir einander bewahren und helfen
Das wir füreinander bangen und beten
Dass wir an Liebe und Güte immer mehr dir
ähnlich werden
Du Gott des Friedens und der Liebe

V O Lamm Gottes, du nimmst hinweg die Sünde
der Welt.

A Verschone uns, o Herr.

V O Lamm Gottes, du nimmst hinweg die Sünde
der Welt.

A Erhöre uns, o Herr.

V O Lamm Gottes, du nimmst hinweg die Sünde
der Welt.

A Erbarme dich unser, o Herr.

V Gott, du bist die ewige Liebe. Aus Liebe und zur
Liebe hast du uns Menschen erschaffen. Lass
deine Liebe durch unser Leben sichtbar werden. Gieße deine Liebe in unsere Herzen ein,
damit wir Licht und Freude in diese Welt hinein-
tragen. Darum bitten wir dich durch Christus im
Heiligen Geist.

A Amen.

Segensbitte

V Dazu segne uns der uns liebende Gott: der Vater und der Sohn und der Heilige Geist.

A Amen.

Lied

Gott liebt diese Welt (GL 464,5-8)

Du hast mein Klagen in Tanzen verwandelt
(GL 323)

Andacht zur Osterzeit

▩ **Lied**

Wir wollen alle fröhlich sein (GL 326,1-2)

V Im Namen des Vaters und des Sohnes und des Heiligen Geistes.

A Amen.

▩ **Lobet den Herrn mit Pauken und Tanz**

V Der Tanz ist allgemeines Zeichen der Freude und Dankbarkeit. Nach dem Durchzug des Volkes Israel durch das Rote Meer führte Mirjam, die Schwester Aarons, den Reigen der Frauen an. Sie nahm die Pauke in die Hand, und alle Frauen zogen mit Paukenschlag und Tanz hinter ihr her (vgl. Ex 15, 20).

A Herr, du hast mein Klagen in Tanzen verwandelt. (Ps 30,12)

V Als David nach dem Sieg über den Philister

Goliat heimkehrte, zogen die Frauen aus allen Städten Israels dem König singend und tanzend mit Handpauken, Freudenrufen und Zimbeln entgegen (vgl. 1 Sam 18,6).

A Herr, du hast mein Klagen in Tanzen verwandelt.

V Bei der Überführung der Bundeslade drehte sich David in einem Prozessionstanz mit aller Kraft vor dem Herrn. So brachten David und das ganze Haus Israel die Lade des Herrn unter Jubel und Posaunenklang nach Jerusalem (vgl. 2 Sam 6,15).

A Herr, du hast mein Klagen in Tanzen verwandelt.

V Im Gleichnis vom Verlorenen Sohn wird dessen Heimkehr zu seinem Vater mit einem Freudenfest gefeiert, bei Musik und Tanz (vgl. Lk 15,25).

A Herr, du hast mein Klagen in Tanzen verwandelt.

V Jesus vergleicht die Menschen seiner Zeit mit Kindern, die auf dem Marktplatz sitzen und anderen zurufen: „Wir haben euch auf der Flöte gespielt, und ihr habt nicht getanzt." (Mt 11,17).

A Herr, du hast mein Klagen in Tanzen verwandelt.

Lied

Du hast mein Klagen in Tanzen verwandelt
(GL 323)

▨ Lesung

Ex 15,1-618-21: Der Herr ist hoch und erhaben. Rosse und Wagen warf er ins Meer

L Lesung aus dem Buche Exodus.

Damals sang Mose mit den Israeliten dem Herrn dieses Lied; sie sagten: Ich singe dem Herrn ein Lied, denn er ist hoch und erhaben. Rosse und Wagen warf er ins Meer. Meine Stärke und mein Lied ist der Herr, er ist für mich zum Retter geworden. Er ist mein Gott, ihn will ich preisen; den Gott meines Vaters will ich rühmen. Der Herr ist ein Krieger, Jahwe ist sein Name. Pharaos Wagen und seine Streitmacht warf er ins Meer. Seine besten Kämpfer versanken im Schilfmeer. Fluten deckten sie zu, sie sanken in die Tiefe wie Steine. Deine Rechte, Herr, ist herrlich an Stärke; deine Rechte, Herr, zerschmettert den Feind. Der Herr ist König für immer und ewig. Denn als die Rosse des Pharao mit Wagen und Reitern ins Meer zogen, ließ der Herr das Wasser des Meeres auf sie zurückfluten, nachdem die Israeliten auf trockenem Boden mitten durchs Meer gezogen waren. Die Prophetin Mirjam, die Schwester Aarons, nahm die Pauke in die Hand und alle Frauen zogen mit Paukenschlag und Tanz hinter ihr her. Mirjam sang ihnen vor: Singt dem Herrn ein Lied, denn er ist hoch und erhaben! Rosse und Wagen warf er ins Meer.

Impuls

L In vielen Religionen ist der Tanz neben dem Opfer eine der wichtigsten Kulthandlungen. Der Tanz ist Ausdruck dafür, dass der Mensch innerlich bewegt ist. Im ägyptischen Totenkult war der Tanz ein Symbol für die Hoffnung auf die Auferstehung. Der Tanz um das Goldene Kalb war ein kultischer Tanz um einen heiligen Gegenstand, an dessen Macht die Tänzer partizipieren wollten. Als König Herodes an seinem Geburtstag ein Fest feierte, tanzte die Tochter der Herodias und fand den Beifall des Königs. Durch dessen Gönnerlaune wurde Johannes der Täufer enthauptet. Diese negativen Beispiele von Körperbewegungen führten im Frühchristentum zu einer Ablehnung, so dass der hl. Johannes Chrysostomus das Wort prägte: „Wo man tanzt, ist der Teufel." Vom hl. Augustinus stammt hingegen die positive Formulierung: „Wer singt, der betet doppelt; wer tanzt, der betet dreifach!" In den Psalmen wird zum Tanz aufgefordert. Gottes Name soll beim Reigentanz gelobt werden, man soll ihm spielen auf Pauken und Harfen. (Ps 149,3)

Stille

▓ **Psalm**
Psalm 30: Dank für die Rettung aus Todesnot

V/A Du führst mich hinaus ins Weite,
du machst meine Finsternis hell
(gesungen GL 629,1-2)

V Ich will dich rühmen, Herr, /
denn du hast mich aus der Tiefe gezogen *
und lässt meine Feinde nicht über mich
triumphieren.

A Herr, mein Gott, ich habe zu dir geschrien, *
und du hast mich geheilt.

V Herr, du hast mich herausgeholt aus dem Reich
des Todes, *
aus der Schar der Todesgeweihten mich zum
Leben gerufen.

A Singt und spielt dem Herrn, ihr seine
Frommen, *
preist seinen heiligen Namen!

V Denn sein Zorn dauert nur einen Augenblick, *
doch seine Güte ein Leben lang.

A Wenn man am Abend auch weint, *
am Morgen herrscht wieder Jubel.

V   Im sicheren Glück dachte ich einst:
Ich werde niemals wanken.

A   Herr, in deiner Güte *
stelltest du mich auf den schützenden Berg.

V   Doch dann hast du dein Gesicht verborgen. *
Da bin ich erschrocken.

A   Zu dir, Herr, rief ich um Hilfe, *
ich flehte meinen Herrn um Gnade an.

V   Ich sagte: Was nützt dir mein Blut, wenn ich
begraben bin? *
Kann der Staub dich preisen, deine Treue
verkünden?

A   Höre mich, Herr, sei mir gnädig! *
Herr, sei du mein Helfer!

V   Da hast du mein Klagen in Tanzen verwandelt, *
hast mir das Trauergewand ausgezogen und
mich mit Freude umgürtet.

A   Darum singt dir mein Herz und will nicht
verstummen. *
Herr, mein Gott, ich will dir danken in Ewigkeit.

V   Ehre sei dem Vater und dem Sohne *
und dem Heiligen Geist.

A   Wie im Anfang so auch jetzt und allezeit *
und in Ewigkeit. Amen.

A+V Du führst mich hinaus ins Weite, du machst meine Finsternis hell.

■ **Lied**

Das ist der Tag, den Gott gemacht (GL 329,1-5)

■ **Fürbitten**

V Gütiger Vater, in unserem Leben erfahren wir Freude und Leid. Du kennst unsere Situation. In großem Vertrauen rufen wir zu dir:

L Wir bitten dich für unsere jungen Menschen. Lass sie deine Liebe spüren. Gott unser Vater:

A Wir bitten dich, erhöre uns.

L Wir bitten dich für die Lehrkräfte in den Schulen und die Erzieher/Erzieherinnen der Jugend. Gott unser Vater:

A Wir bitten dich, erhöre uns.

L Wir bitten dich für unsere jungen Menschen auf der Straße, schenke ihnen Geborgenheit. Gott unser Vater:

A Wir bitten dich, erhöre uns.

V Wir bitten dich für die Eltern, die die Heranwachsenden mit ihren Problemen oft nicht verstehen. Gott unser Vater:

A Wir bitten dich, erhöre uns.

L Wir bitten dich für uns selbst, dass wir das Gute mit Freude tun. Gott unser Vater:

A Wir bitten dich, erhöre uns.

V Die Freude an dir, du uns liebender Gott, ist unsere Stärke. Sei gepriesen heute und in Ewigkeit.

A Amen.

Segensbitte

V Herr unser Gott, du hast uns erschaffen, damit wir dich preisen. Gib uns ein frohes Herz, damit wir dir und den Mitmenschen mit Freude und Hingabe dienen. Dazu segne uns der dreifaltige Gott: der Vater, der Sohn und der Heilige Geist.

A Amen.

Lied

Erfreue dich, Himmel, erfreue dich, Erde
(GL 467,1-6)

Bleibe bei uns, du Wandrer durch die Zeit! (GL 325)

Andacht zur Osterzeit

▓ Lied

Wir sind nur Gast auf Erden (GL 505,1-3)

V Im Namen des Vaters und des Sohnes und des Heiligen Geistes.

A Amen.

▓ Der Herr führt sein Volk

V/A Singet dem Herrn, ja singet ihm, denn er hat Wundertaten vollbracht.

V Als Israel aus Ägypten auszog, Jakobs Haus aus dem Volk fremder Sprache, da führte der Herr sein Volk durch die Wüste.

A Singet dem Herrn ...

V Der Herr geleitete sein Volk durch das Meer. Er führte es sicher und wurde sein Befreier.

A Singet dem Herrn ...

V Wohl dem Volk, dessen Gott der Herr ist; die Nation, die er sich zum Erbteil erwählte.

A Singet dem Herrn ...

V Wo ist ein Gott, der seinem Volk so nahe ist wie unser Gott, der uns in Jesus Christus begegnet.

A Singet dem Herrn ...

V Jesus Christus gesellte sich zu den Jüngern auf ihrem Weg nach Emmaus, er deutete ihnen die Schrift und brach das Brot.

A Singet dem Herrn ...

V Herr, du zeigst mir den Pfad zum Leben, vor deinem Angesicht ist Freude in Fülle.

A Singet dem Herrn ...

Evangelium

Lk 24,13-35: Sie erkannten ihn, als er das Brot brach

L Aus dem Evangelium nach Lukas.
Am ersten Tag der Woche waren zwei von den Jüngern Jesu auf dem Weg in ein Dorf namens Emmaus, das sechzig Stadien von Jerusalem entfernt ist. Sie sprachen miteinander über all das, was sich ereignet hatte. Während sie re-

deten und ihre Gedanken austauschten, kam
Jesus hinzu und ging mit ihnen. Doch sie waren wie mit Blindheit geschlagen, sodass sie ihn
nicht erkannten.

Er fragte sie: Was sind das für Dinge, über die
ihr auf eurem Weg miteinander redet? Da blieben sie traurig stehen, und der eine von ihnen
– er hieß Kleopas – antwortete ihm: Bist du so
fremd in Jerusalem, dass du als einziger nicht
weißt, was in diesen Tage dort geschehen ist?
Er fragte sie: Was denn?

Sie antworteten ihm: Das mit Jesus aus Naza-
ret. Er war ein Prophet, mächtig in Wort und Tat
vor Gott und dem ganzen Volk. Doch unsere
Hohenpriester und Führer haben ihn zum Tod
verurteilen und ans Kreuz schlagen lassen. Wir
aber hatten gehofft, dass er der sei, der Israel
erlösen werde. Und dazu ist heute schon der
dritte Tag, seitdem das alles geschehen ist.

Aber nicht nur das: Auch einige Frauen aus
unserem Kreis haben uns in große Aufregung
versetzt. Sie waren in der Frühe beim Grab, fanden aber seinen Leichnam nicht. Als sie zurück-
kamen, erzählten sie, es seien ihnen Engel erschienen und hätten gesagt, er lebe. Einige von
uns gingen dann zum Grab und fanden alles so,
wie die Frauen gesagt hatten; ihn selbst aber
sahen sie nicht.

Da sagte er zu ihnen: Begreift ihr denn nicht? Wie schwer fällt es euch, alles zu glauben, was die Propheten gesagt haben. Musste nicht der Messias all das erleiden, um so in seine Herrlichkeit zu gelangen? Und er legte ihnen dar, ausgehend von Mose und allen Propheten, was in der gesamten Schrift über ihn geschrieben steht.

So erreichten sie das Dorf, zu dem sie unterwegs waren. Jesus tat, als wolle er weitergehen, aber sie drängten ihn und sagten: Bleib doch bei uns; denn es wird bald Abend, der Tag hat sich schon geneigt. Da ging er mit hinein, um bei ihnen zu bleiben.

Und als er mit ihnen bei Tisch war, nahm er das Brot, sprach den Lobpreis, brach das Brot und gab es ihnen. Da gingen ihnen die Augen auf, und sie erkannten ihn; dann sahen sie ihn nicht mehr. Und sie sagten zueinander: Brannte uns nicht das Herz in der Brust, als er unterwegs mit uns redete und uns den Sinn der Schrift erschloss?

Noch in derselben Stunde brachen sie auf und kehrten nach Jerusalem zurück, und sie fanden die Elf und die anderen Jünger versammelt. Diese sagten: Der Herr ist wirklich auferstanden und ist dem Simon erschienen. Da erzählten auch sie, was sie unterwegs erlebt und wie sie ihn erkannt hatten, als er das Brot brach.

Stille

▓ Lied

Bleibe bei uns, du Wanderer durch die Zeit!
(GL 325,1-3)

▓ Impuls

L   Es handelt sich bei der Emmauserzählung um
ein Sondergut bei Lukas. Bei diesem Osterevan-
gelium (Lk 24,13-35) geht es um ein exemplari-
sches Beispiel für einen Weg zum Osterglauben
(Jerusalem – Emmaus – Jerusalem); um einen
inneren und äußeren Weg. Die Struktur dieses
Textes zeigt den frühesten Aufbau einer Eucharistiefeier. Die zwei Jünger gehören nicht zum
Kreis der Elf. Jesus gesellt sich bei ihrem Weg
zu ihnen; er hört ihnen zu (Beispiel einer Ge-
sprächsführung), er lässt sie erzählen, so dass
die beiden Wanderer Abstand zu den Ereignis-
sen in Jerusalem gewinnen; damit geschieht
eine Objektivierung ihrer zerbrochenen Hoffnung. Der Auferstandene drängt sich nicht auf.
Es geht dabei quasi um „Trauerarbeit", die nur
im Weitergehen des Weges einer Lösung zuge-
führt werden kann. Erst dann ist die Verkündigung möglich; traurig stehen bleiben heißt sonst
Stillstand. Die Frage Jesu in Vers 17 will eine Ent-

scheidung der Emmausjünger bewirken. Ähnlich ist es im Vers 28, wo Jesus weitergehen will.

Hauptinhalt der Verkündigung: Jesu Tod und Auferstehung! Die Auslegung (Homilie) mündet in die Eucharistiefeier ein, ins Brotbrechen. Das Brotbrechen wird zum Ereignis des Erkennens Jesu und damit zum Verstehen der Schriften.

Nach dem Brotbrechen erfolgt das Aufbrechen der beiden Jünger an den Ort der Ereignisse und die Verkündigung der Osterbotschaft an ihre Mitjünger (Gemeinde). In der Gemeinde erfahren die beiden Emmaus-Jünger die Bestätigung (V 34 f.) ihres Osterglaubens.

Stille

Psalm

Ps 136,1-3.16.21-26: Danklitanei für Gottes ewige Huld

V/A Du führst mich hinaus ins Weite, du machst meine Finsternis hell.
(gesungen GL 629,1)

V Danket dem Herrn, denn er ist gütig, *
denn seine Huld währt ewig!

A Danket dem Herrn aller Herren, *
denn seine Huld währt ewig!

V   Der sein Volk durch die Wüste führte, *
denn seine Huld währt ewig,

A   der ihm ein Land zum Erbe gab, *
denn seine Huld währt ewig,

V   der es Israel gab, seinem Knecht, *
denn sein Huld währt ewig.

A   Der an uns dachte in unsrer Erniedrigung, *
denn seine Huld währt ewig,

V   der uns den Feinden entriss, *
denn seine Huld währt ewig,

A   der allen Geschöpfen Nahrung gibt, *
denn seine Huld währt ewig.

V   Danket dem Gott des Himmels, *
denn seine Huld währt ewig.

A   Ehre sei dem Vater und dem Sohn *
und dem Heiligen Geist.

V   Wie im Anfang so auch jetzt und allezeit *
und in Ewigkeit. Amen.

A+V Du führst mich hinaus ins Weite, du machst
meine Finsternis hell.

▨ Lied

Gelobt sei Gott im höchsten Thron (GL 328,1-4)

▓ Fürbitten

V Zu Gott, unserem Vater, der Jesus Christus von den Toten auferweckt hat, rufen wir:

L Stehe unserem Papst ..., unserem Bischof ... und allen Dienern der Kirche bei. Gott, unser Vater:

A Wir bitten dich, erhöre uns.

L Erleuchte die Lehrer der Theologie, dass sie die frohe Botschaft von der Auferstehung für unsere Zeit verkünden und auslegen. Gott, unser Vater:

A Wir bitten dich, erhöre uns.

L Erfülle die Wissenschaftler mit Liebe zur Wahrheit. Gott, unser Vater:

A Wir bitten dich, erhöre uns.

L Steh allen bei, die sich in liturgischen und caritativen Diensten für dein Reich einsetzen und Gott und den Menschen dienen wollen. Gott, unser Vater:

A Wir bitte dich, erhöre uns.

L Lass uns in deiner Schöpfung deine Güte und Größe erkennen. Gott, unser Vater:

A Wir bitten dich, erhöre uns.

L Nimm unsere Verstorbenen in dein Reich auf, besonders jene, an die niemand denkt. Gott, unser Vater:

A Wir bitten dich, erhöre uns.

V Allmächtiger, ewiger Gott, du hast durch deinen Sohn den Tod besiegt und uns so das ewige Leben erschlossen. Gib uns ein neues Herz durch deinen Geist, damit wir den Weg zu dir finden. Darum bitten wir durch Christus, unseren Herrn.

A Amen.

Segensbitte

V In Christus haben wir Anteil am ewigen Leben. In ihm führe uns Gott zur ewigen Osterfreude, die niemals endet. Dazu segne uns der Vater und der Sohn und der Heilige Geist.

A Amen.

Lied

Die ganze Welt, Herr Jesus Christ (GL 332,1-6)

Freu dich, erlöste Christenheit (GL 337)

Andacht zur Osterzeit

▨ **Lied**

Freu dich, erlöste Christenheit (GL 337,1-3)

V Im Namen des Vaters und des Sohnes und des Heiligen Geistes.

A Amen.

▨ **Hymnus**
(gesungen GL 642)

V Zum Mahl des Lammes schreiten wir
mit weißen Kleidern angetan,
Christus, dem Sieger, singen wir,
der uns durchs Rote Meer geführt.

A Am Kreuze gab er seinen Leib
für alle Welt zum Opfer hin;
und wer von seinem Blute trinkt,
wird eins mit ihm und lebt mit ihm.

V Am Paschaabend weist das Blut
den Würgeengel von der Tür:

Wir sind befreit aus harter Fron
und von der Knechtschaft Pharaos.

A   Christus ist unser Osterlamm,
das uns zum Heil geschlachtet ward.
Er reicht uns seinen heil'gen Leib
als Brot, das uns sein Leben schenkt.

V   Lamm Gottes, wahres Opferlamm,
durch das der Hölle Macht zerbrach!
Den Kerker hast du aufgesprengt,
zu neuem Leben uns befreit.

A   Erstanden ist der Herr vom Grab,
kehrt siegreich aus dem Tod zurück.
Gefesselt ist der Fürst der Welt,
und offen steht das Paradies.

V   Nun bitten wir dich, Herr und Gott,
zur österlichen Freudenzeit:
Bewahre dein befreites Volk
vor aller Drangsal und Gefahr!

A   Dem Herrn sei Preis und Herrlichkeit,
der aus dem Grabe auferstand,
dem Vater und dem Geist zugleich
durch alle Zeit und Ewigkeit. Amen.

Abtei Münsterschwarzach 1972/Stundenbuch 1978/Neues
Stundenbuch nach „Ad cenam Agni providi" 5./6. Jh.

Evangelium

Joh 20,19-23: Acht Tage darauf kam Jesus und trat in ihre Mitte

L   Aus dem Evangelium nach Johannes.
Am Abend des ersten Tages der Woche, als die Jünger aus Furcht vor den Juden die Türen verschlossen hatten, kam Jesus, trat in ihre Mitte und sagte zu ihnen: Friede sei mit euch! Nach diesen Worten zeigte er ihnen seine Hände und seine Seite. Da freuten sich die Jünger, dass sie den Herrn sahen. Jesus sagte noch einmal zu ihnen: Friede sei mit euch! Wie mich der Vater gesandt hat, so sende ich euch. Nachdem er das gesagt hatte, hauchte er sie an und sprach zu ihnen: Empfangt den Heiligen Geist! Wem ihr die Sünden vergebt, dem sind sie vergeben; wem ihr die Vergebung verweigert, dem ist sie verweigert.

Impuls

L   Unser Glaube sagt uns über Jesus Christus, dass er nicht in den Himmel aufgefahren ist, um aus der Weltgeschichte zu verschwinden, sondern er ist in die Tiefe der Sünde und des Todes hinabgestiegen, um die Welt zu heilen. In der endgültigen Verlorenheit hat Christus gesiegt,

wo die Quelle des Bösen liegt. Christus ist auferstanden und die Welt mit ihm. Daher singt die
Kirche das Osterlob: „Dies ist die selige Nacht,
in der Christus die Ketten des Todes zerbrach
und aus der Tiefe als Sieger emporstieg … O
glückliche Schuld, welch großen Erlöser hast du
gefunden." Darum freuten sich die Jünger, als
sie den Herrn sahen. Darum dürfen sich die er-
lösten Christen freuen.

Stille

■ **Lied**

O Licht der wunderbaren Nacht (GL 334,1-3)

■ **Psalm**

Ps 118,1-2.16-17.22-23: Eine Dankliturgie

V/A Das ist der Tag, den der Herr gemacht;
lasst uns jubeln und seiner uns freuen.
(gesungen GL 66,1)

V Danket dem Herrn, denn er ist gütig, *
denn seine Huld währt ewig!

A So soll Israel sagen: *
Denn seine Huld währt ewig.

V „Die Rechte des Herrn ist erhoben, *
die Rechte des Herrn wirkt mit Macht!"

A Ich werde nicht sterben, sondern leben, *
um die Taten des Herrn zu verkünden.

V Der Stein, den die Bauleute verwarfen, *
er ist zum Eckstein geworden.

A Das hat der Herr vollbracht, *
vor unseren Augen geschah dieses Wunder.

V Ehre sei dem Vater und dem Sohne *
und dem Heiligen Geist.

A Wie im Anfang, so auch jetzt und allezeit *
und in Ewigkeit. Armen.

A+V Das ist der Tag, den der Herr gemacht;
lasst uns jubeln und seiner uns freuen.

Lied

Das ist der Tag, den Gott gemacht (GL 329,1-3)

Christus-Rufe
(gesungen GL 560)

V/A Christus Sieger, Christus König,
Christus Herr in Ewigkeit.

V König des Weltalls, **A** wir huldigen dir.
V König der Völker,
V König des Friedens,
V König der Zeiten,

V   König der Herrlichkeit,

A+V Christus Sieger, Christus König, Christus Herr in
Ewigkeit

V   Abglanz des Vaters,   **A**   wir huldigen dir.
V   Urbild der Schöpfung,
V   Sohn der Jungfrau Maria,
V   Zeuge der Wahrheit,
V   Lehrer und Meister,

A+V Christus Sieger, Christus König, Christus Herr in
Ewigkeit.

V   Helfer der Armen,   **A**   wir huldigen dir.
V   Heiland der Kranken,
V   Retter der Sünder,
V   Bruder der Menschen,
V   Hoffnung der Erde,

A+V Christus Sieger, Christus König, Christus Herr in
Ewigkeit.

V   Lamm, für uns geopfert,   **A**   wir huldigen dir.
V   Mann aller Schmerzen,
V   Mittler des Bundes,
V   Erlöser und Heiland,
V   Herr des neuen Lebens,

A+V Christus Sieger, Christus König, Christus Herr in
Ewigkeit.

V Licht für die Menschen, **A** wir huldigen dir.
V Brot ewigen Lebens,
V Quelle der Gnade,
V Haupt deiner Kirche,
V Weg zum himmlischen Vater,

A+V Christus Sieger, Christus König, Christus Herr in
Ewigkeit.

EGB 1973, GGB 2010

Segensbitte

V Gott segne uns auf unserem Weg,
sei mit uns an jedem Tag unseres Lebens.

Gott stärke uns auf unserem Weg,
sei mit uns bei allem Tun und Lassen.

Gott begleite uns auf unserem Weg,
erleuchte uns bei allen Entscheidungen.

So segne uns auf unserem Weg, Gott der
allmächtige Vater, der uns liebende Sohn
und der uns heilig machende Geist.

A Amen.

Lied

Freu dich, erlöste Christenheit (GL 337,4-7)

Jerusalem, du neue Stadt (GL 338)

Andacht zur Osterzeit

▨ **Lied**

Eine große Stadt ersteht (GL 479,1-2)

V Im Namen des Vaters und des Sohnes und des Heiligen Geistes.

A Amen.

▨ **Hymnus** (gesungen GL 338)

V Jerusalem, du neue Stadt,
gib deinen Liedern neuen Klang,
in reiner Freude darfst du jetzt
der Ostern hohes Fest begehn.

A Des Todes Drache unterliegt,
der Held aus Juda siegt mit Macht,
da seiner Stimme heller Schall
die Toten aus den Gräbern ruft.

V Was mit Gewalt der Tod geraubt,
gibt jetzt die Unterwelt zurück.
Befreit aus der Gefangenschaft,
folgt Jesus die erlöste Schar.

A   Er triumphiert in Herrlichkeit,
und weithin spannt sich seine Macht,
er eint den Himmel und die Welt
zum Reich, in dem er ewig herrscht.

A+V Dem Herrn sei Preis und Herrlichkeit,
der aus dem Grabe auferstand,
dem Vater und dem Geist zugleich
durch alle Zeit und Ewigkeit. Amen.

Abtei Münsterschwarzach nach „Chorus novae Jerusalem"
von Fulbert von Chartres († 1029)

Lesung

Offb 21,9b-14: Auf den Grundsteinen stehen die
Namen der zwölf Apostel des Lammes

L   Lesung aus der Offenbarung des Johannes.
Der Engel sagte zu mir: Komm, ich will dir die
Braut zeigen, die Frau des Lammes. Da entrück-
te er mich in der Verzückung auf einen großen,
hohen Berg und zeigte mir die heilige Stadt Jerusalem, wie sie von Gott her aus dem Himmel
herabkam, erfüllt von der Herrlichkeit Gottes.
Sie glänzte wie ein kostbarer Edelstein, wie ein
kristallklarer Jaspis.
Die Stadt hat eine große und hohe Mauer mit
zwölf Toren und zwölf Engeln darauf. Auf die
Tore sind Namen geschrieben: die Namen der
zwölf Stämme der Söhne Israels. Im Osten hat

die Stadt drei Tore und im Norden drei Tore und im Süden drei Tore und im Westen drei Tore. Die Mauer der Stadt hat zwölf Grundsteine; auf ihnen stehen die zwölf Namen der zwölf Apostel des Lammes.

Impuls

L Das neue Jerusalem kommt von Gott und ist erfüllt von der Herrlichkeit Gottes. Der Baumeister ist Gott, der Heilige und Allmächtige. Das neue Jerusalem strahlt im Glanze der Herrlichkeit Gottes. Und als strahlendes Licht erleuchtet es alle Länder der Erde. Auf all seinen Straßen erschallt der Ruf des Halleluja. Jerusalem soll seinen Liedern neuen Klang geben, denn der österliche Jubel stimmt ein in das neue Lied der ewigen Freude.

Psalm

Psalm 122: Ein Lied zur Wallfahrt nach Jerusalem

V/A Friede sei in deinen Mauern,
Geborgenheit in deinen Häusern.
(gesungen GL 68)

V Ich freute mich, als man mir sagte: *
„Zum Haus des Herrn wollen wir pilgern."

A Schon stehen wir in deinen Toren, Jerusalem: /
Jerusalem, du starke Stadt, *
dicht gebaut und fest gefügt.

V Dorthin ziehen die Stämme hinauf, die Stämme
des Herrn, /
wie es Israel geboten ist, *
den Namen des Herrn zu preisen.

A Denn dort stehen Throne bereit für das Gericht, *
die Throne des Hauses David.

V Erbittet für Jerusalem Frieden! *
Wer dich liebt, sei in dir geborgen.

A Friede wohne in deinen Mauern, *
in deinen Häusern Geborgenheit.

V Wegen meiner Brüder und Freunde *
will ich sagen: In dir sei Friede.

A Wegen des Hauses des Herrn, unseres Gottes, *
will ich dir Glück erflehen.

V Ehre sei dem Vater und dem Sohne *
und dem Heiligen Geist.

A Wie im Anfang, so auch jetzt und allezeit *
und in Ewigkeit. Amen.

A+V Friede sei in deinen Mauern,
Geborgenheit in deinen Häusern.

Lied

Jerusalem, du neue Stadt (GL 338,1-5)

Gebet für die Kirche

V Lasst uns beten zu Gott, dem Allmächtigen, der seine Kirche aus lebendigen Steinen auferbaut, sie ist ein Abbild des himmlischen Jerusalem. Sie ist unterwegs auf dem Weg zu dir:

A Barmherziger Vater, wir bitten dich in Demut für deine ganze heilige Kirche.
Erfülle sie mit Wahrheit und mit Frieden.
Reinige sie, wo sie verdorben ist.
Bewahre sie vor Irrtum.
Richte sie auf, wo Kleinglauben sie niederdrückt.
Beschenke sie, wo sie Mangel leidet.
Stärke aber und kräftige sie, wo sie auf deinem Weg ist.
Gib ihr, was ihr fehlt, und heile den Riss, wo immer sie zerteilt und zerstreut ist,
du heiliger Herr deiner Gemeinde.
Um Jesu Christi, unsres Herrn und Heilands willen.

Segensbitte

V Gott der Allmächtige hat uns durch die Auferstehung seines Sohnes aus Sünde und Tod befreit. Er hat uns in der Taufe als seine Kinder aufgenommen. Er schenke uns das verheißene Erbe.
Das gewähre uns der dreieinige Gott, der Vater, der Sohn und der Heilige Geist.

A Amen.

Lied

Eine große Stadt ersteht (GL 479,3)

Geist der Zuversicht, Quelle des Trostes (GL 350)

Andacht zu Pfingsten

▨ **Lied**

Nun bitten wir den Heiligen Geist (GL 348,1-3)

V Im Namen des Vaters und des Sohnes und des Heiligen Geistes.

A Amen.

▨ **Pfingst-Hymnus** (gesungen GL 344)

V Komm herab, o Heil'ger Geist,
der die finstre Nacht zerreißt,
strahle Licht in diese Welt.

A Komm, der alle Armen liebt,
komm, der gute Gaben gibt,
komm, der jedes Herz erhellt.

V Höchster Tröster in der Zeit,
Gast, der Herz und Sinn erfreut,
köstlich Labsal in der Not,

A in der Unrast schenkst du Ruh,
hauchst in Hitze Kühlung zu,
spendest Trost in Leid und Tod.

V Komm, o du glückselig Licht,
fülle Herz und Angesicht,
dring bis auf der Seele Grund.

A Ohne dein lebendig Wehn
kann im Menschen nichts bestehn,
kann nichts heil sein noch gesund.

V Was befleckt ist, wasche rein,
Dürrem gieße Leben ein,
heile du, wo Krankheit quält.

A Wärme du, was kalt und hart,
löse, was in sich erstarrt,
lenke, was den Weg verfehlt.

V Gib dem Volk, das dir vertraut,
das auf deine Hilfe baut,
deine Gaben zum Geleit.

A Lass es in der Zeit bestehn,
deines Heils Vollendung sehn
und der Freuden Ewigkeit. Amen.

Maria Luise Thurmair und Markus Jenny nach
„Veni Sancte Spiritus" von Stephen Langton um 1200

Lesung

Gen 1,1-5: Im Anfang schuf Gott Himmel und Erde
L Lesung aus dem Buch Genesis.
Im Anfang schuf Gott Himmel und Erde; die Erde

aber war wüst und wirr, Finsternis lag über der Ur-
flut, und Gottes Geist schwebte über dem Wasser.
Gott sprach: Es werde Licht. Und es wurde
Licht. Gott sah, dass das Licht gut war. Gott
schied das Licht von der Finsternis, und Gott
nannte das Licht Tag, und die Finsternis nannte
er Nacht. Es wurde Abend, und es wurde Morgen: erster Tag.

▦ Impuls

L Am Anfang der Schöpfung schwebte der Geist
über den Urfluten, er bringt Ordnung in das Chaos. Er schafft in der Wirrnis Leben. Auch heute
wird der Geist Gottes das Gesicht der Erde er-
neuern und Ströme lebendigen Wassers strömen
lassen. Auch wenn wir die Erde ausrauben, kann
er allem Bestand geben. Der Heilige Geist wird
auch heute über die Menschen ausgegossen, damit sie das Leben verstehen lernen. Ja, die Liebe
Gottes ist ausgegossen in unsere Herzen durch
den Heiligen Geist. Zu ihm dürfen wir gemeinsam
beten. Er ist die „Mutter" allen Lebens:

▦ Wechselgebet

V Ich glaube an den Heiligen Geist –
A ich glaube, dass er meine Vorurteile abbauen
kann,

V ich glaube, dass er meine Gewohnheiten ändern kann,

A ich glaube, dass er meine Gleichgültigkeit überwinden kann,

V ich glaube, dass er mir Fantasie zur Liebe schenken kann,

A ich glaube, dass er mich vor allem Bösen warnen kann,

V ich glaube, dass er mir Mut für das Gute geben kann,

A ich glaube, dass er meine Traurigkeit besiegen kann,

V ich glaube, dass er mir die Liebe zu Gottes Wort erhalten kann,

A ich glaube, dass er mir Minderwertigkeitsgefühle nehmen kann,

V ich glaube, dass er mir Kraft in meinem Leid geben kann,

A ich glaube, dass er mir liebende Menschen an die Seite stellen kann,

V ich glaube, dass er mein ganzes Wesen durchdringen kann.

A   Ja, ich glaube an den Heiligen Geist!

Stille

▨ **Lied**

Nun bitten wir den Heiligen Geist (GL 348,4-5)

▨ **Psalm**

Ps 104,1-2.10-12.27-33: Ein Loblied auf den Schöpfer

V/A Geist der Zuversicht, Quelle des Trostes, komm und stärke uns, Geist der Heiligkeit, Quelle der Freiheit, Tröster Geist, Schöpfer Geist. (gesungen als Kanon GL 350)

V   Lobe den Herrn, meine Seele! /
Herr, mein Gott, wie groß bist du! *
Du bist mit Hoheit und Pracht bekleidet.

A   Du hüllst dich in Licht wie in ein Kleid, *
du spannst den Himmel aus wie ein Zelt.

V   Du lässt die Quellen hervorsprudeln in den Tälern, *
sie eilen zwischen den Bergen dahin.

A   Allen Tieren des Feldes spenden sie Trank, *
die Wildesel stillen ihren Durst daraus.

V   An den Ufern wohnen die Vögel des Himmels, *
aus den Zweigen erklingt ihr Gesang.

A   Sie alle warten auf dich, *
dass du ihnen Speise gibst zur rechten Zeit.

V   Gibst du ihnen, dann sammeln sie ein; *
öffnest du deine Hand, werden sie satt an Gutem.

A   Verbirgst du dein Gesicht, sind sie verstört; *
nimmst du ihnen den Atem, so schwinden sie hin
und kehren zurück zum Staub der Erde

V   Sendest du deinen Geist aus, so werden sie alle
erschaffen, *
und du erneuerst das Antlitz der Erde.

A   Ewig währe die Herrlichkeit des Herrn; *
der Herr freue sich seiner Werke.

V   Er blickt auf die Erde, und sie erbebt; *
er rührt die Berge an, und sie rauchen.

A   Ich will dem Herrn singen, solange ich lebe, *
will meinem Gott spielen, solange ich da bin.

V   Ehre sei dem Vater und dem Sohne *
und dem Heiligen Geist.

A   Wie im Anfang so auch jetzt und allezeit *
und in Ewigkeit. Amen.

V+A Geist der Zuversicht, Quelle des Trostes, komm
und stärke uns, Geist der Herrlichkeit, Quelle
der Freiheit, Tröster Geist, Schöpfer Geist.

▨ Vaterunser

V Wir wollen beten, wie Jesus uns zu beten gelehrt
hat:

A Vater unser im Himmel ...

▨ Segensbitte

V Gott, unser Vater, du berufst deine Kinder aus
allen Völkern und Rassen.

A Sende aus deinen Geist und erneuere die Welt.

V Gott, unser Vater, du willst alle Menschen, die
sich Christen nennen, durch die Taufe vereinen.

A Sende aus deinen Geist und erneuere die Welt.

V So segne uns der dreifaltige Gott, der Vater, der
Sohn und der Heilige Geist.

A Amen.

▨ Lied

Der Geist des Herrn erfüllt das All (GL 347,1-4)

Verzeichnis der verwendeten Bibeltexte

Altes Testament

Exodus 15,1-6.18-21
Jesaja 1,1-5
Psalm 30
Psalm 96
Psalm 98,1-4
Psalm 104,1-2.10-12.27-33
Psalm 112,4-9
Psalm 18,1-2.16-17.22-23
Psalm 122
Psalm 130
Psalm 136,1-3.16.21-26

Neues Testament

Matthäus 14,22-33
Lukas 17,11-19
Lukas 24,13-35
Johannes 20,19-23
Erster Brief an die Korinther 11,23-26
Zweiter Brief an die Korinther 5,17-21
Brief an die Philipper 2,6-11
Erster Brief des Johannes 4,7-10
Offenbarung 21,9b-14

Quellenverzeichnis

Alle Bibelstellen: Einheitsübersetzung der Heiligen Schrift
© 1980 Katholische Bibelanstalt, Stuttgart

Die Ständige Kommission für die Herausgabe der gemeinsamen liturgischen Bücher im deutschen Sprachgebiet erteilte für die aus diesen Büchern entnommenen Texte die Abdruckerlaubnis.

Die Feier der Heiligen Messe. Messbuch für die Bistümer des deutschen Sprachgebietes

Die Feier des Stundengebetes. Stundenbuch für die katholischen Bistümer des deutschen Sprachgebietes. Zweiter Band: Fastenzeit und Osterzeit

Neues Stundenbuch I, Liturg. Institute Trier und Basel

Laudate. Gebetbuch und Gesangbuch für das Bistum Münster, Münster 1964.

S. 38/39: Maria Luise Thurmair, „Lobe, Zion, deinen Hirten", Nr. 545 (Text). Aus: Gotteslob. Katholisches Gebet- und Gesangbuch © Verlag Herder GmbH, Freiburg i. Br.

S. 79–81: GL Nr. 560 „Christus Sieger, Christus König": © Verband der Diözesen Deutschlands (VDD), Bonn / Rechtswahrnehmung durch Katholische Bibelanstalt, Stuttgart

S. 82/83: Abtei Münsterschwarzach, Jerusalem, du neue Stadt, © Vier-Türme GmbH Verlag, D-97359 Münsterschwarzach Abtei

S. 88/89: Maria Luise Thurmair / Markus Jenny, „Komm herab, o Hei'lger Geist", Nr. 344 (Übersetzung). Aus: Neues Gotteslob. Katholisches Gebet- und Gesangbuch © Verlag Herder GmbH, Freiburg i. Br. 2014

Der Verlag hat sich bemüht, alle Rechteinhaber in Erfahrung zu bringen. Für weitere Hinweise sind wir dankbar.